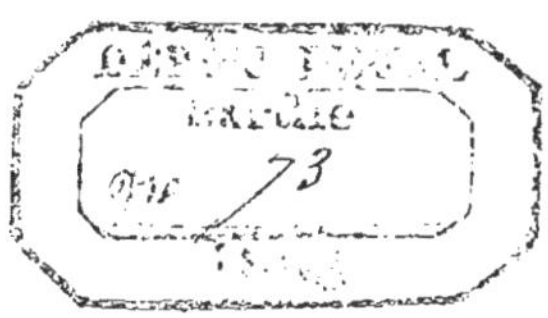

CRITIQUE DU PROBLÈME

DE LA

NAVIGATION AÉRIENNE

Le Mans. — Impr. Beauvais et Vallienne.

CRITIQUE DU PROBLÈME

DE LA

NAVIGATION AÉRIENNE

PAR

J.-E. RENUCCI

Capitaine au 2ᵉ de Ligne

PRIX : 2 FRANCS

PARIS

LIBRAIRIE SCIENTIFIQUE, INDUSTRIELLE ET AGRICOLE

EUGÈNE LACROIX, EDITEUR

LIBRAIRE DE LA SOCIÉTÉ DES INGÉNIEURS CIVILS

15, QUAI MALAQUAIS

1866

TABLE DES MATIÈRES

AVANT-PROPOS

L'élaboration scientifique du problème de la navigation aérienne est-elle en ce moment satisfaisante?

Les théories les plus accréditées sur la matière ne renferment-elles pas des idées fausses et des erreurs graves qu'il faudrait définitivement écarter?

La navigation aérienne est-elle réalisable à un degré quelconque?

Ce travail a pour objet de répondre à ces questions. Dans toutes les branches des connaissances humaines le progrès s'accomplit autant par la critique que par la spéculation. Si celle-ci alimente sans cesse le domaine de la science de nouvelles idées et de nouveaux systèmes, celle-là est un jury permanent qui les discute sans cesse et qui sans cesse en élimine ceux qui manquent de titres scientifiques.

Dans une publication précédente (Exposé d'un système de navigation atmosphérique au moyen de ballons à enveloppes métalliques), j'ai tenté une œuvre de spéculation, j'ai indiqué la voie qui me paraît pouvoir conduire à la réalisation de la navigation aérienne. J'essaye aujourd'hui une œuvre de critique, dans le but de démontrer que les voies de réalisation proposées jusqu'ici, voies que beaucoup d'esprits persistent à suivre, sont sans issue et ne peuvent mener à aucun résultat sérieux.

Je vais examiner successivement les principaux systèmes de moyens qui ont pris place dans l'élaboration du problème de la navigation aérienne.

CRITIQUE DU PROBLÈME DE LA NAVIGATION AÉRIENNE

§ I.

Appareils plus lourds que l'air.

En tant que possibilité absolue la navigation aérienne, peut être réalisée au moyen d'appareils plus lourds que l'air. La réalisation par les appareils plus lourds que l'air consisterait à imiter l'animalité volante et à construire des machines capables d'évoluer dans les airs comme les oiseaux et les insectes. Tous les oiseaux, tous les insectes sont, à volume égal, beaucoup plus lourds que l'air et ils font tous les jours et aux yeux de tous une démonstration évidente de la navigation aérienne par des appareils plus lourds que l'air. Le tout est d'élever la puissance de la mécanique jusqu'à la puissance de la vie ; jusqu'ici on n'a pas su le faire. Les essais récents ont été aussi stériles que les tentatives anciennes.

En admettant même qu'on arrive à construire des machines capables de s'élever et de se diriger dans l'air, quelle serait la destination utile de la navigation aérienne par ces appareils ?

Les grands intérêts humanitaires qui se rattachent à la réalisation de la navigation aérienne sont : 1º L'étude de l'atmosphère, en s'élevant et en séjournant longtemps dans ses hautes régions ; 2º L'exploration des pôles et des autres contrées du globe où l'homme n'a pu encore pénétrer.

L'air devient moins dense à mesure qu'on s'élève et, par cette raison, on ne pourrait jamais élever ces appareils bien haut. Pour affronter des voyages sur l'Océan, vers les pôles ou vers d'autres contrées désertes, il faudrait réaliser une puissance mécanique idéale. Dans ce genre de navigation il faut que la machine fonctionne toujours avec une grande énergie ; que son jeu s'affaiblisse ou cesse un instant, par le dérangement d'un organe, par la rupture d'un pivot, et tout l'appareil tombe on ne sait où.

L'application de la mécanique sort ici des conditions de praticabilité ordinaires. Si une machine de chemin de fer ou de bâtiment à vapeur cesse de fonctionner, il y a simplement arrêt dans la marche. Si une machine aérienne se dérange, il y a chûte et catastrophe presque certaine. La navigation aérienne par des appareils plus lourds que l'air se réduirait donc à des courses restreintes et non exemptes de dangers, et, comme elle ne pourrait jamais valoir pour les transports les chemins de fer, elle n'aurait guère de destination utile.

§ II.

Appareils moins lourds que l'air.

Les appareils moins lourds que l'air sont ceux qui, à volume égal, pèsent moins que l'air, et qui par cela même, s'élèvent spontanément dans l'atmosphère comme le liége s'élève dans l'eau. Ces appareils forment deux classes : 1º les ballons remplis d'hydrogène ou de tout autre gaz plus léger que l'air ; 2º les Montgolfières remplies d'air dilaté par la chaleur d'un foyer placé à leur partie inférieure.

Montgolfières. On ne peut fonder aucun système de navigation aérienne sur les Montgolfières ; on ne peut que donner le spectacle d'une ascension momentanée. Sans parler des autres inconvénients les Montgolfières ne possèdent, sous un grand volume, qu'une faible force d'ascension. La différence de poids entre l'air ambiant et l'air dilaté est peu considérable. La densité de l'air étant 1 à 0º devient seulement 0,96 à 10° et 0,84 à 50°. L'insuffisance des Montgolfières est reconnue par tous ceux qui s'occupent sérieusement d'aérostation, et je ne m'arrêterai pas davantage sur ce point.

Passons aux ballons à hydrogène, et voyons ce qu'il est permis d'espérer de ces appareils. Il importe de distinguer deux espèces de ballons : 1° Les ballons à enveloppes perméables; 2° Les ballons à enveloppes imperméables. Les ballons à enveloppes perméables sont ceux qui perdent le gaz au bout de fort peu de temps, et les ballons à enveloppes imperméables sont ceux qui retiennent le gaz fort longtemps, plusieurs mois ou des années.

Ballons à enveloppes perméables. Quelles que soient les formes qu'on leur donne, quelles que soient les dispositions particulières qu'on prenne, les ballons à enveloppes perméables sont incapables, par le seul fait de leur perméabilité, de réaliser aucune sorte de navigation aérienne. Ils ne peuvent, comme les Montgolfières, que donner le spectacle d'une ascension et d'une course plus ou moins rapide, mais momentannée et au gré des vents. En voici la raison.

Les enveloppes perméables, c'est-à-dire les enveloppes de baudruche et d'étoffes gommées, dont l'aérostation à fait usage jusqu'ici, ne permettent de séjourner que fort peu de temps dans l'atmosphère, par suite de la perte rapide qu'elles font du gaz. L'histoire de l'aérostation ne montre pas d'exemples où l'on soit resté 24 heures dans l'air. Le plus long séjour a été de 18 heures. Avec ces enveloppes l'appareil aérostatique doit donc, de toute nécessité, attérir dans les 24 heures. Je dis que ce fait d'attérissage forcé dans les 24 heures rend toute navigation sérieuse impossible.

En effet : L'attérissage forcé dans les 24 heures implique la perte totale du gaz du ballon dans 24 heures. Si le ballon est de grande dimension cette perte devient une dépense disproportionnée avec ce que peut valoir et peut rapporter une course du ballon ; mais passons sur la question de dépense.

2° L'attérissage forcé dans les 24 heures interdit tout voyage éloigné. Il ne permet ni d'affronter les mers ni de se hasarder dans des contrées désertes pour les explorer : on n'attérit pas dans l'eau, et il y a danger de périr de misère si l'on attérit dans une contrée déserte. Or, la navigation aérienne serait sans utilité réelle du moment qu'elle ne pourrait effectuer ces grands voyages, qui permetraient de reconnaître les pôles et les contrées du globe où l'homme n'a pu encore pénétrer. Pour des transits limités, la navigation aérienne, quelque perfectionnée qu'on la suppose, ne fera jamais concurrence aux chemins de fer et aux bateaux à vapeur.

3° L'attérissage forcé dans les 24 heures interdit toute navigation aérienne si l'on n'est pas en mesure de lutter contre tout vent, pour arriver au point de destination dans un temps déterminé et presque à heure fixe. Si l'on n'a pas cette puissance la machine aérostatique deviendra le jouet des vents et ira attérir sur tel point où le vent l'aura entraînée. Il faudra aller chercher au milieu des champs les voyageurs, les marchandises et la machine elle-même. Les actionnaires d'une telle navigation ne seraient pas près de faire fortune.

Or, il est de toute impossibilité de faire lutter un ballon, contre un vent de quelque intensité.

4° L'attérissage forcé dans les 24 heures rend la navigation aérienne excessivement dangereuse et, par là même, impraticable, parce que dans le cas d'un vent de surface violent et persistant durant les 24 heures on serait obligé d'attérir on ne sait où, sous l'action de ce vent. Or, l'attérissage d'un ballon qui se trouve en prise à un fort vent sera dans la plupart des cas une catastrophe.

5° L'attérissage forcé dans les 24 heures ne permet pas un usage utile des courants atmosphériques, parce que l'usage des courants atmosphériques ne peut avoir lieu qu'à la condition de pouvoir rester assez longtemps dans l'atmosphère, pour les attendre, pour les chercher et pour n'avoir rien à craindre des déviations plus ou moins grandes qu'ils pourraient occasionner.

Marey-Monge condamne les enveloppes perméables en ces termes :

« De même, en aéronautique, la première difficulté à vaincre est celle de l'im-

« perméabilité de l'enveloppe, et il est superflu de s'occuper de la direction tant
« que cette première difficulté ne sera pas vaincue ; car, sans imperméabilité, il
« n'y a point de direction utile. De toute nécessité, il faut donc chercher une
« bonne matière d'enveloppe, rejetter la soie, les tissus, et, en général, les enveloppes
« flexibles, à cause de leur perméabilité, de leur peu de durée et de leur prix, et
« chercher s'il n'y aurait pas une autre substance qui permettrait de concevoir
« l'avenir magnifique de l'aérostation, en présentant à un degré satisfaisant les
« qualités suivantes.

« 1° Imperméabilité complète ;

« 2° Résistance aux intempéries des saisons, ou bonne conservation à l'air
« extérieur ;

« 3° Ténacité suffisante. »

Il résulte de ce qui précède que les systèmes de navigation aérienne basés sur
les ballons à enveloppes perméables, quelque ingénieux qu'ils puissent être
d'ailleurs, sont totalement dépourvus de valeur. L'histoire de l'aérostation en a
enregistré beaucoup, on en produit tous les jours, et il est regrettable qu'on ne
sache pas encore reconnaître le vice radical qui les frappe tous d'impuissance.

Ballons à enveloppes imperméables. Les ballons à enveloppes imperméables.
c'est-à-dire ceux qui sont capables de conserver le gaz plusieurs mois ou des
années, sont seuls susceptibles de servir de base à un système de navigation
aérienne. Le fait de pouvoir rester plusieurs mois ou des années dans l'atmosphère
permet des combinaisons, au moyen desquelles on peut lever où tourner les difficultés
que j'ai exposées ci-dessus.

1° La dépense devient minime du moment que le gaz du ballon, au lieu d'être
consommé en 24 heures, n'est consommé que dans plusieurs mois ou dans une année.

2° On peut entreprendre tout grand voyage d'exploration, on peut franchir les
mers et les déserts, parce qu'on a du temps devant soi pour songer au retour
et, au pis aller, pour pouvoir attérir en un endroit et à un moment propices.

3° Dès que l'on peut rester plusieurs mois dans l'atmosphère, on peut toujours
éviter l'attérissage sous l'action du vent, parce qu'on peut attendre un temps calme
pour attérir.

4° Dès qu'on peut rester plusieurs mois dans l'atmosphère, on peut réaliser cette
navigation aérienne qui consisterait à se servir des courants aériens et à s'aider
subsidiairement d'une force motrice, pour marcher en temps calme ou pour
décliner à droite ou à gauche d'un courant aérien. La navigation directe, la navigation où un ballon ferait généralement route contre le vent, au lieu de faire route
avec le vent, est à mes yeux impossible.

Quelles sont les substances propres à former des enveloppes imperméables ?

Ce sont les métaux laminés. Les laminages trop minces pourraient donner lieu
à des petits trous dans les feuilles, mais des lames de cuivre ou de fer de 4 à
5 décimillimètres d'épaisseur sont considérées comme étant douées d'une imperméabilité à peu près parfaite.

Il importe toutefois de remarquer que si les enveloppes métalliques ont
l'avantage d'être imperméables, elles ont, d'un autre côté, le désavantage de se
détériorer immédiatement, si la déformation qu'elles subissent, par suite des
divers états de gonflements du ballon, donne lieu à des court-plis. La mollesse et
la souplesse du taffetas gommé permettent à l'enveloppe de se déformer à court-plis,
sans que ces court-plis souvent répétés sur les mêmes points altèrent sensiblement
la solidité de cette enveloppe. Il n'en est pas de même pour les enveloppes
métalliques. La fibre du meilleur fer se brise si on la plie et si on la redresse
plusieurs fois suivant un court-plis. Il résulte de là qu'on ne peut faire usage
des enveloppes métalliques qu'à la condition d'éviter les déformations à court-plis.
La nécessité des enveloppes métalliques étant démontrée et les inconvénients qu'elles
présentent à la déformation étant constatés, examinons quelles sont les formes de
ballons compatibles avec la nature de ces enveloppes et quelle espèce de machines
aérostatiques il est permis d'adopter.

§ III.

Deux systèmes de ballons. — Système de ballon à déformation.

Il y a lieu de distinguer deux systèmes de ballons ; le premier est celui où le ballon change de volume et par conséquent se déforme toutes les fois qu'il passe d'une altitude atmosphérique à un autre ; le second est celui où le ballon reste toujours gonflé et ne change jamais de volume, malgré toute variation d'altitude. Ce dernier système de ballon est dû au général du génie Meusnier. Je vais examiner quels sont les avantages et les inconvénients inhérents à ces deux systèmes. L'imagination, qui n'est pas comme la raison assujettie à se tenir dans les limites du possible et du vrai, nous présente le spectacle séduisant d'une navigation aérienne s'accomplissant par des ballons allongés, effilés, fendant l'air en dépit du vent, sous l'impulsion d'une force motrice puissante. Malheureusement l'examen approfondi de la nature des choses conclut ici autrement que l'imagination : on le verra par la discussion qui va suivre.

Dans le système des ballons à déformation, et avec l'emploi des enveloppes métalliques, il y a deux conditions fondamentales à remplir : 1° La déformation ne doit produire aucun court-pli sur l'enveloppe ; 2° La déformation ne doit pas altérer la stabilité première du système d'attache de la nacelle.

Je dis que ces deux conditions ne peuvent être remplies ni par le ballon sphérique (f. 1), ni par le ballon cylindro-sphérique (f. 2), ni par le ballon cylindro-conique (f. 3), ni par le ballon cylindro-ogival (f. 4), ni par le ballon ellipsoïdal (f. 5), ni

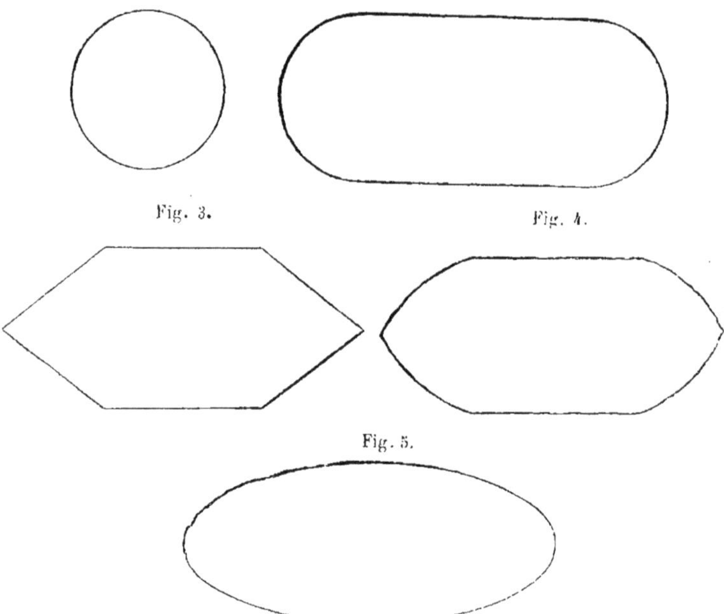

Fig. 1.

Fig. 2.

Fig. 3.

Fig. 4.

Fig. 5.

par aucun autre ballon, allongé ou non, à surface purement convexe. J'appelle ballon à surface purement convexe celui qui étant coupé dans un sens quelconque par un plan donne des lignes d'intersection où il ne se trouve aucun angle rentrant.

Aucun de ces ballons ne peut être aplati d'une manière considérable sans que la surface ne se couvre de court-plis. Or, la déformation des ballons dans l'atmosphère s'opère par une contraction plus ou moins grande, quelquefois presque complète de la partie inférieure de leur enveloppe. Les courts-plis provenant de cette contraction briseraient immédiatement une enveloppe métallique et rendraient par conséquent impossible l'usage des ballons que j'ai mentionnés ci dessus.

Marey-Monge dans son grand et savant ouvrage sur l'aérostation est tombé dans une erreur de principe qui bouleverse de fond en comble l'économie du système qu'il propose, et qui est de nature à égarer ceux qui cherchent la solution du problème de la navigation aérienne par le système des ballons à déformation.

L'auteur part de ce principe erroné que les ballons cylindro-coniques sont des surfaces développables, qui peuvent se déformer jusqu'à un aplatissement complet, sans donner lieu à aucun pli. De là il construit son ballon à l'état d'aplatissement, il le roule à l'occasion, il le serre et l'aplatit au moyen de *compresseurs* pour le rendre propre à fendre l'air. (Voir les pages 46, 55, 56, 59, 153, 168 de son ouvrage.)

Rien de cela ne peut avoir lieu. Le cylindre et le cône pris séparément sont des surfaces développables, mais leur ensemble cesse d'être une surface développable et ne peut s'aplatir sans court-plis. Dans l'aplatissement complet la base du cône doit être un arc de circonférence et la base du cylindre une ligne droite. La base commune au cylindre et au cône ne peut-être ces deux choses à la fois, et il y aura formation de plis dans la mesure où il y aura aplatissement.

Passons à la considération de la stabilité du système d'attache de la nacelle.

La nacelle avec toute la charge qu'elle porte est liée et suspendue au ballon par un ensemble plus ou moins considérable de cordes. Pour que le système d'attache demeure stable, il faut que dans la déformation toutes les cordes soutiennent toujours la nacelle d'une manière égale, en s'allongeant ou se raccourcissant d'une manière uniforme. Si la déformation allongeait ou raccourcissait plus certaines cordes que les autres, tout le poids de la nacelle porterait sur les cordes les plus courtes; ces cordes casseraient, et, dans le cas où elles résisteraient, elles briseraient l'enveloppe ou la feraient céder jusqu'à ce que les cordes relachées reviennent à la même tension.

La déformation n'altère jamais la stabilité du système d'attache dans le ballon sphérique, parce que dans le gonflement, comme dans la contraction, l'effet de la déformation est nécessairement identique sur toutes les cordes. La déformation n'altère pas non plus la stabilité du système d'attache dans le ballon cylindro-sphérique. Dans ce ballon (f. 6) la charge est attachée à une flèche ou barre

Fig. 6.

rigide CD et cette barre est elle-même attachée au ballon suivant le développement de la partie inférieure du cylindre. Dans les mouvements de la déformation, la traction ou le relâchement des attaches est nécessairement identique sur tous les points de la barre, et par conséquent la stabilité première ne subit aucune altération, soit que le gonflement fasse monter la barre, soit que le degonflement la fasse descendre.

Mais ce ballon se déforme à court-plis comme la sphère dans les deux calottes sphériques qui terminent ses extrémités, il présente à la résistance de l'air une

— 14 —

surface aussi grande que celle d'une sphère de même diamètre et, de plus, il exige un système de suspension de la charge plus compliqué et plus pesant que celui du ballon sphérique.

La déformation altère, au contraire, la stabilité du système d'attache dans tous les autres ballons ci-dessus mentionnés.

Dans tous ces ballons le mode de suspension a lieu d'après les dispositions particulières que je vais décrire.

Soit (f. 7) un ballon cylindro-conique AB. Pour y suspendre un poids quelconque il faut commencer par le lier à une flèche ou barre rigide CD destinée à recueillir la force ascensionnelle du ballon dans tout le développement de sa longueur, et à fournir un support inflexible pour la suspension de la charge que le ballon doit porter. On pourrait attacher la charge à cette barre inflexible : 1° en la repartissant sur une galerie EF (f. 8); 2° en la répartisssant sur des stalles séparées MNOP (f. 9); 3° en la concentrant dans une nacelle SR suspendue au moyen de cordages convergeants (f. 10). Les deux premières dispositions

Fig. 7.

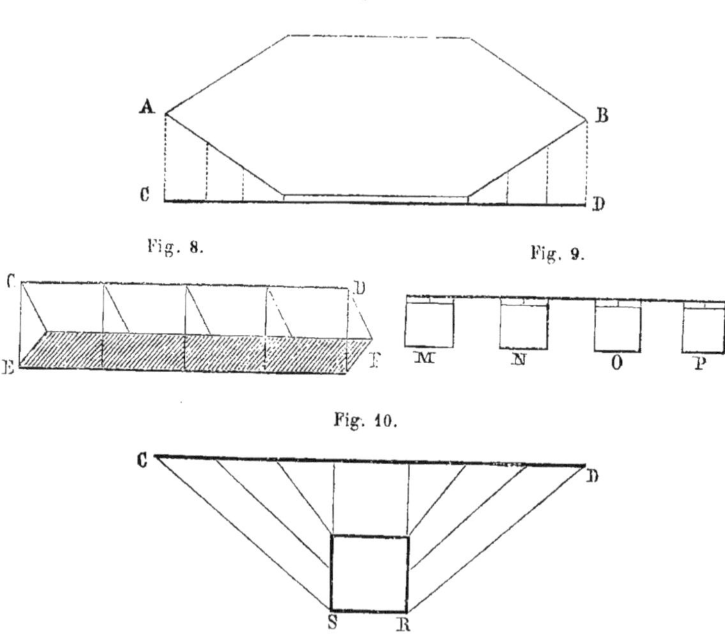

admettent un tangage considérable et dangereux ; la troisième a l'inconvénient d'éloigner trop la nacelle du ballon et d'allonger outre mesure l'ensemble de la machine aérostatique. Chacune de ces dispositions nécessite des échafaudages qui, pour être solides, représenteraient un poids considérable.

Mais le principal vice de ce système, celui qui le rend impraticable, ne réside pas dans le mode de suspension de la charge à la barre, il réside dans le mode de suspension de la charge et de la barre, c'est-à-dire du tout, au ballon. Je dis qu'à la déformation les attaches qui lient la barre à la partie cylindrique du ballon se relâcheront beaucoup plus que les attaches qui lient la barre à la partie conique, et que les attaches de la partie conique se relâcheront d'autant moins qu'elles seront situées plus près de la pointe du cône.

Soit un ballon cylindro-conique AB (*f.* 11) ; soient *op* l'intersection de la partie

Fig. 11.

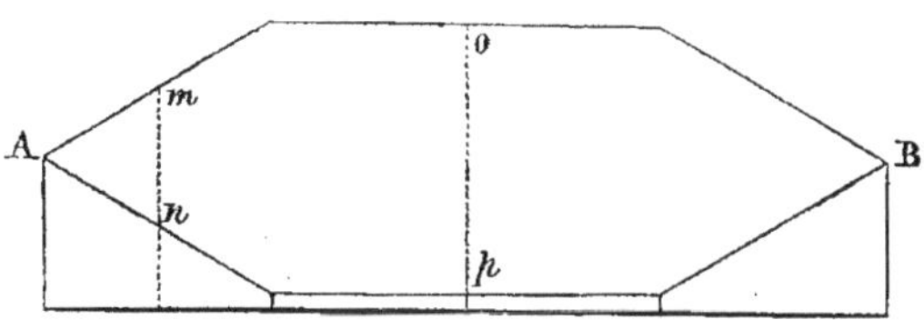

cylindrique par un plan perpendiculaire au grand axe et *mn* l'intersection de la partie conique par un plan également perpendiculaire à cet axe. Supposons le ballon complétement gonflé et toutes les cordes de suspension ajustées à la barre CD. Les intersections *op* et *mn* seront deux circonférences d'inégale grandeur.

Voyons ce qui se passera à la déformation.

La partie inférieure du cylindre se trouve toujours dans un air plus dense que la partie *n*A*m* du cône, par la raison qu'elle est plus bas placée que celle-ci. Donc la partie inférieure du cylindre se déformera et s'aplatira d'une manière plus prononcée que la partie *n*A*m* du cône. Donc les attaches de la partie cylindrique, se relâcheront beaucoup plus que les attaches de la partie conique, et par suite, ces dernières attaches, si elles ne se cassent, briseront la partie conique ou la feront fléchir de manière à contracter et à plisser l'enveloppe d'une façon irrégulière et forcée. En admettant même, ce qui est impossible, que la partie conique s'aplatisse dans la même proportion que la partie cylindrique, le relâchement des attaches des deux parties resterait toujours très-différent. En effet, les circonférences *op* et *mn* sont d'inégale grandeur ; dès-lors, pour le même degré de déformation, la circonférence *op* fournit un allongement plus grand que la circonference *mn* ; ce qui veut dire que les attaches de la partie conique ne peuvent jamais suivre le mouvement des attaches de la partie cylindrique. Le relâchement relatif des attaches de la partie conique va en diminuant de la base au sommet L'attache de la pointe du cône ne peut se prêter presque à aucun degré à la descente de la barre, même dans les déformations très prononcées du ballon.

Les inconvénients que je viens de mettre en lumière ont lieu quand la barre est suspendue au ballon par un filet aussi bien que quand la barre est attachée directement à l'arête inférieure de l'enveloppe.

Ces inconvénients se produiraient également si les attaches de la barre à la partie conique du ballon étaient obliques au lieu d'être perpendiculaires à la barre (*f.* 12).

Si la barre n'était suspendue qu'à la partie cylindrique du ballon (*f.* 13) la

Fig. 12.   Fig. 13.

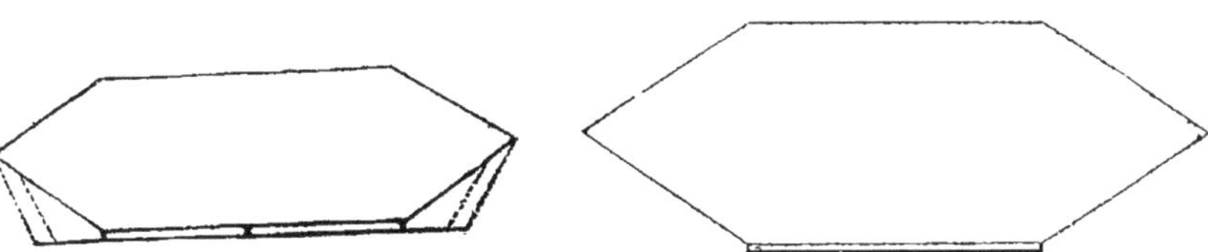

déformation n'altèrerait pas la stabilité du système d'attache du ballon ; mais dans ce cas la partie conique serait en l'air et subirait l'effet de la poussée atmosphérique sans trouver aucun soutien dans la charge du ballon. Elle serait donc exposée, si elle avait une certaine longueur, à être brisée ou pliée par la poussée atmosphérique.

En admettant d'ailleurs que la partie conique puisse se soutenir contre la poussée atmosphérique, elle ne pourrait se déformer d'une manière régulière comme la partie cylindrique et subirait, à toute déformation, une contraction violente, de nature à la couvrir de court-plis et à la rompre.

Tout ce qui vient d'être dit du ballon cylindro-conique, pour démontrer l'instabilité du système d'attache de la charge au moment de la déformation, s'applique complétement au ballon cylindro-ogival, au ballon ellipsoïdal et, en général, à tout ballon qui se termine en pointe plus ou moins aiguë.

Conclusion. Dans le système des ballons à déformation il est impossible de faire usage du ballon sphérique et du ballon cylindro-sphérique, avec des enveloppes métalliques, parce que ces ballons ont l'inconvénient de se déformer à court-plis. Dans ce même système il est impossible de faire usage du ballon cylindro-conique, du ballon cylindro-ogival, du ballon ellipsoïdal et, en général, de tout ballon pointu, soit avec des enveloppes métalliques, soit avec d'autres enveloppes, parce que ces ballons ont le double inconvénient de se déformer à court-plis et d'altérer la stabilité du système d'attaches de la charge, en se déformant.

§ IV.

Système de ballon à volume invariable.

Le système des ballons à volume invariable est dû au général Meusnier. L'extrait suivant du mémoire où il l'expose en fera saisir l'économie. Je numérote les paragraphes afin de pouvoir les indiquer dans le cours de la discussion.

« 1º Conduits en effet, par une suite de raisonnements nécessaires, à conserver « au ballon une forme invariable pour le faire mouvoir par les changements de « son poids, nous avons facilement réussi à diminuer ce poids par l'évacuation « d'une partie de ceux que porte la machine, mais il n'en peut résulter que des « ascensions successives, et pour lui procurer le mouvement contraire, il faudrait « pouvoir augmenter sa pesanteur. Que peut on donc ajouter à un corps isolé de « tous les autres, si ce n'est une portion de l'air même dans lequel il nage ? Or, « c'est à quoi nous n'avions pas encore pensé, et cependant toutes les difficultés « disparaissent dès lors. Il est clair, en effet, qu'en comprimant dans le ballon de « l'air atmosphérique, son poids augmentera sans que son volume change, et « qu'il sera par conséquent déterminé à descendre.

« 2º Il n'est pas difficile d'imaginer après cela de faire remonter la machine, en « évacuant ce même air atmosphérique ; elle ne manœuvrera plus alors aux dépens « de sa propre substance, et le milieu qui l'environne sera la cause unique de « tous ses mouvements, comme il était celle de son équilibre. Mais cet air qu'on « introduit dans l'aérostat, devant bientôt en ressortir, il faut qu'il soit préservé « de tout mélange avec l'air inflammable, et contenu par cette raison dans une « capacité particulière.

« 3º Tel est le moyen que nous cherchions de faire descendre et monter les machines « aérostatiques sans jeter de lest, sans perdre d'air inflammable (hydrogène), et en « conservant au mobile, à chacune de ses positions, un équilibre aussi fixe que « si c'était la seule qu'il dût jamais occuper. La simplicité de ce moyen ne laisse « rien à désirer, et ce concours de tous les avantages à la fois est d'autant plus « heureux, que nous n'avions pas le choix : Il est aisé de voir que cette méthode « est unique, et la marche qui nous y a conduits en est elle-même une démons- « tration rigoureuse, puisque c'est en parcourant toutes les hypothèses possibles, « et par suite d'exclusions continuelles, que nous y sommes parvenus. Rien ne « peut donc suppléer cette organisation que nous sommes forcés de donner aux « machines aérostatiques ; et tout inventeur y sera conduit d'une manière nécessaire, « dès que la question sera suffisamment approfondie.

« 4º Mais développons les détails de ce mécanisme et les différents moyens qu'il « peut y avoir de le mettre en pratique.

« 5° De quelque manière qu'un ballon soit construit, quelle que soit sa forme,
« pourvu qu'il contienne deux capacités distinctes, dont l'une soit destinée à renfer-
« mer une certaine quantité d'air inflammable toujours constante, et l'autre un volume
« variable d'air atmosphérique, il sera propre à tous les changements de hauteur
« qu'il s'agissait d'obtenir. Il faut seulement que la somme des deux capacités fasse
« toujours un volume constant, et que les deux airs y soient soumis à une com-
« pression un peu plus forte que celle de l'air environnant. Il suffit alors, pour que
« la machine monte, d'ouvrir une issue à l'air atmosphérique intérieur, par le moyen
« d'un simple robinet. La pression que cet air éprouve en détermine la sortie, le
« poids de la machine diminue, elle s'élève, et cette ascension dure autant que l'écou-
« lement de l'air intérieur. Ainsi, dès que le robinet par lequel il s'échappait sera
« fermé de nouveau, le ballon se fixera et la densité de l'air environnant sera dimi-
« nuée alors dans la proportion de la perte de poids que la machine aura faite.

« 6° On voit aisément que, pendant cette ascension, le ressort de l'air inflam-
« mable fait augmenter la capacité qui le renferme, aux dépens de celle d'où l'air
« atmosphérique s'échappe et qu'ainsi le terme de la hauteur que peut acquérir
« l'aérostat arrivera lorsque l'espace destiné à l'air atmosphérique étant reduit à rien,
« celui de l'air inflammable occupera la capacité entière du ballon.

« 7° On voit de même que, pour déterminer la descente, il suffira d'introduire
« de l'air commun dans l'espace dont il s'agit, avec le souflet le plus simple. Le
« poids de la machine augmentant par là, elle ne pourra plus retrouver l'équilibre
« que dans une region où la pesanteur spécifique de l'air extérieur soit devenue plus
« grande en même proportion; et quoique ce soit avec un fluide très-léger qu'on
« cherche à faire varier ainsi le poids de l'aérostat, comme c'est le même que celui
« dans lequel il flotte, la cause des variations de densité de ce milieu se trouve de
« même ordre que celle des changements du poids de la machine, et de petites
« quantités d'air introduites ou évacuées suffisent, par cette raison, pour occasionner
« des changements notables dans la position du mobile.

« 8° Il y a une autre remarque très-importante à faire, c'est que, malgré l'idée
« qui se présente naturellement, que c'est en comprimant l'air intérieur par l'addi-
« tion d'un nouvel air que l'on détermine le ballon à descendre, il éprouve cepen-
« dant toujours la même pression intérieure, à quelque hauteur qu'on le suppose
« en équilibre. Cette propriété précieuse de la disposition dont il s'agit dépend de
« ce que l'aérostat, descendant, trouve des couches d'air douées d'une plus grande
« élasticité en même temps quelles ont une pesanteur spécifique plus considérable,
« et la pression extérieure augmentant ainsi, détruit celle qui existerait intérieure-
« ment, sans cela, d'une plus grande quantité d'air logée dans le même espace. Il
« suit de cette observation, confirmée par la solution analytique de la question pré-
« sente, que l'excès de l'élasticité du fluide intérieur sur celle de l'air environnant,
« demeurant toujours le même, l'étoffe n'est point exposée à une tension variable,
« et qu'il n'y a par conséquent aucune limite aux usages du moyen que nous venons
« de donner. Il peut servir à parcourir l'atmosphère et à y choisir une place à
« volonté, depuis la surface de la terre jusqu'aux régions les plus hautes auxquelles
« l'homme puisse subsister.

« 9° Il faut cependant observer que la machine doit être construite d'avance, et
« son étendue calculée d'après la plus grande hauteur à laquelle on voudra qu'elle
« parvienne. Cette hauteur dépend du rapport qui se trouve entre la quantité d'air
« inflammable renfermée dans la machine, et sa capacité totale; et, comme nous
« l'avons déja remarqué plus haut, l'aérostat parviendra au terme de son ascension,
« quand cet air inflammable diminuant de densité en même temps que l'air envi-
« ronnant, aura rempli tout l'espace renfermé par l'étoffe. On ne peut donc, avec
« une machine donnée, aller au-delà de certaines bornes; mais on peut d'avance
« leur donner une étendue que rien ne limite.

« 10° Mais quelle doit être la disposition de ces deux capacités destinées à loger
« deux airs différents? On sent qu'il y a plusieurs manières de résoudre cette ques-
« tion dans la pratique, et nous allons encore les parcourir en peu de mots.

2

« 11° On peut séparer l'une de l'autre ces deux capacités par une sorte de dia-
« phragme flexible, semblable pour la forme à une des moitiés de l'enveloppe du
« ballon. C'est ainsi que j'ai dessiné la machine sur le tableau de l'Académie. L'air
« inflammable occupe le dessus, laissant le bas à l'air atmosphérique, et le dia-
« phragme qui les sépare doit être habituellement flasque, excepté dans le cas de
« la plus haute ascension, où l'air inflammable occupant tout le vide du ballon, et
« l'air atmosphérique étant entièrement échappé, ce diaphragme serait exactement
« appliqué contre l'hémisphère inférieur.

« 12° On pourrait encore loger l'air atmosphérique dans un espace renfermé lui-
« même tout entier dans le ballon qui contient l'air inflammable en employant pour
« cela un autre ballon moindre que le premier. L'air atmosphérique remplirait
« totalement ce ballon intérieur, lorsque la machine serait encore au point le plus
« bas de sa course, mais au point le plus haut, cet air étant évacué, son enveloppe
« serait tout à fait déprimée, et l'air inflammable occuperait l'espace entier du ballon
« extérieur. La capacité du ballon intérieur ne doit pas être plus grande que ce dont
« l'air inflammable devrait se dilater, par la plus haute ascension dont on voudrait
« rendre la machine susceptible; d'où il suit que cette méthode serait la plus
« économique du côté de la quantité d'étoffe à employer et du poids qui en résulte.

« 13° Mais dans l'une et dans l'autre de ces dispositions, la composition intérieure
« dont j'ai tant parlé dans ce mémoire, et que l'objet actuel rend indispensable,
« devient une cause de plus pour la déperdition de l'air inflammable, déjà si
« difficile à contenir, et le succès de l'appareil dont il s'agit ici dépend au con-
« traire de la conservation la plus exacte de ce fluide léger.

« 14° Je préférerais donc une méthode tout à fait opposée et je propose de ren-
« fermer le ballon à air inflammable dans un autre; l'air atmosphérique serait
« logé dans l'intervalle des deux enveloppes, et environnerait de toutes parts celui
« qui logerait l'air inflammable. Cette méthode exige à la vérité l'emploi d'une
« quantité d'étoffe plus grande que les deux premières dont j'ai parlé, surtout s'il
« n'était question que de s'élever à de petites hauteurs : mais un avantage bien pré-
« cieux qu'elle présente, est que la compression intérieure ne tend plus à dissiper
« l'air inflammable, puisque l'étoffe qui le renferme éprouve cette compression éga-
« lement par ses deux surfaces; l'enveloppe extérieure est seule tendue par cette
« pression, mais elle ne peut laisser échapper que l'air atmosphérique, et c'est une
« perte aisée à réparer.

« 15° Il ne faut pas croire, au reste, que cet excès de pression intérieure néces-
« saire pour conserver la forme du ballon doive être bien considérable; il suffirait
« qu'il pût soutenir quelques lignes de mercure; mais comme c'est encore de cette
« pression que dépend l'excès de légèreté avec lequel l'aérostat peut s'élever au mo-
« ment du départ, et qu'il lui faut une certaine vitesse pour éviter alors les édifices
« et les arbres contre lesquels le vent pourrait le porter, on trouve par le calcul
« que, pour une machine de la force de celle qui vient de partir aux Tuilleries,
« l'excès habituel de l'élasticité de l'air intérieur sur celui de l'atmosphère doit faire
« équilibre à environ 1 pouce de mercure, et qu'alors la vitesse de la première
« ascension pourrait être de 6 à 7 pieds par seconde; ce qui est plus que suffisant.

« 16° Tels sont les principes d'après lesquels on pourra toujours organiser une
« machine aérostatique, de manière qu'après un long voyage elle soit encore dans
« le même état qu'au moment de son départ. C'est, en effet, le seul moyen d'obtenir
« la navigation aérienne que l'on désire si vivement; et s'il fallait toujours con-
« sommer des ressources considérables à chaque pas que l'homme voudrait faire dans
« l'atmosphère, on ne verrait jamais que des expériences fugitives et des promenades
« sans intérêt comme sans utilité.

« 17° Ce mémoire n'est, au reste, qu'un simple exposé de l'état de la question.
« Cette matière demande d'être traitée par des voies plus rigoureuses, et l'on ne doit
« regarder ce qui précède que comme une introduction à des calculs dont l'objet
« mériterait d'être présenté d'une manière aussi détaillée (*Journal de Physique* 1784). »

Marey-Monge, dans son ouvrage sur l'aérostation, analyse le système du général

Meusnier. Il ne me paraît pas apercevoir les véritables défauts de ce système, quand il conclut ainsi :

« On ne peut disconvenir que cette théorie de Meusnier ne soit ingénieuse ; elle « présente les avantages suivants :

« 1° L'enveloppe extérieure est toujours tendue ; par conséquent elle est apte à « fendre l'air et à résister aux vents.

« 2° L'étoffe intérieure se trouve à l'abri de tout excès de pression intérieure, et de « toute atteinte des injures de l'air.

« 3° Elle n'exige qu'une faible pression intérieure, ce qui est compatible avec ce « que nous avons dit sur la force des enveloppes, et rend l'opération de la compres- « sion plus prompte. Mais cette théorie pèche par deux points qui, je le crains, « empêcheront à jamais sa réalisation :

« Le premier, c'est qu'il est difficile de surveiller et de réparer l'intérieur d'un appareil aussi sujet à se détériorer ;

« Le second, c'est que la nécessité de cette double enveloppe de force entraîne « dans une augmentation de poids et de dépenses difficile à accepter. »

Si la théorie ne péchait que par les deux points qu'indique Marey-Monge, le système du général Meusnier ne manquerait pas d'être admissible ; malheureusement elle pèche d'une manière plus grande par d'autres points.

Ce système, s'il ne devenait impraticable par des défauts que je vais faire ressortir, aurait l'avantage de permettre l'emploi de tous les ballons à forme aiguë qu'exclut le système examiné dans le chapitre précédent. Du moment que le ballon monterait, descendrait et naviguerait sans jamais changer de volume, sans jamais se déformer, il ne pourrait se produire aucun court-pli sur l'enveloppe, et la stabilité première du système d'attache de la charge ne serait jamais altérée. Avec des ballons de forme aiguë et toujours gonflés, on se trouverait dans les meilleures conditions pour fendre l'air.

Mais remarquons que dans le système du général Meusnier il est question de deux enveloppes, l'une extérieure très-solide et l'autre intérieure moins solide et très-flexible. Si l'enveloppe extérieure doit toujours être tendue, l'enveloppe intérieure doit, au contraire, subir toutes les déformations et être tantôt flasque et tantôt tendue.

Je laisse de côté la première pour ne m'occuper que de la seconde. De quelle nature sera cette enveloppe intérieure ? Elle ne pourra être ni en étoffe gommée ni en baudruche, parce que nous tomberions alors dans les ballons à enveloppes per-méables, que nous avons reconnus impropres à réaliser aucune sorte de navigation aérienne sérieuse. Pour être imperméable, cette enveloppe devra être métallique. Avec une enveloppe métallique, il faut éviter les déformations à court-plis, sous peine de voir l'enveloppe brisée en peu de temps. Or, dans le système que nous examinons, la déformation de l'enveloppe intérieure ne peut avoir lieu qu'à court-plis, et cet inconvénient rend complètement impossible l'emploi d'une enveloppe métallique.

Les court-plis sont inévitables, soit que l'enveloppe intérieure consiste en un ballon, d'après les dispositions des paragraphes 12 et 14 de l'extrait, soit qu'elle consiste dans un diaphragme, d'après les dispositions du paragraphe 11.

La chose est évidente pour le ballon ; il suffit de démontrer que des court-plis se produiraient aussi dans la déformation du diaphragme.

Fig. 14.

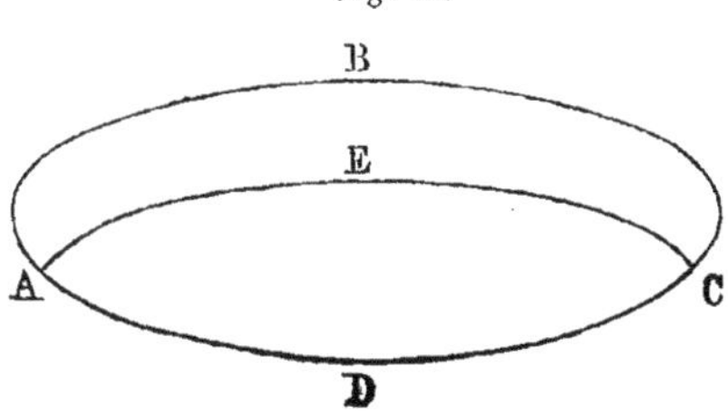

Soit ABCD (*f.* 14), la coupe d'un ballon ellipsoïdal à diaphragme par un plan vertical mené suivant le grand axe. La ligne AEC représente le diaphragme complètement tendu dans la partie supérieure du ballon. Le diaphragme se trouve dans cette position quand le ballon part de terre. A mesure que le ballon s'élève dans l'atmosphère, il faut que le diaphragme s'affaisse, et il doit aller s'appliquer contre la partie inférieure du ballon au moment où celui-ci atteint sa plus haute élévation. Le diaphragme ne peut passer de la première position à la seconde qu'en se contractant à plis serrés et irréguliers, plis qu'une enveloppe métallique ne peut subir plusieurs fois sans se briser. Pour se faire une idée exacte du genre de déformation que doit subir le diaphragme, on n'a qu'à prendre la moitié d'une orange, en détacher l'écorce sans la casser, puis retourner cette écorce le dedans en dehors. Le diaphragme, pour passer de la position supérieure à la position inférieure, et de la position inférieure à la position supérieure, doit se retourner comme cette écorce d'orange.

Marey-Monge pense qu'avec du carton, composé de plusieurs feuilles et bien préparé, on pourrait faire des enveloppes de ballon imperméables et douées d'une ténacité suffisante. Je ne crois pas que le carton puisse jamais valoir le fer ou le cuivre pour cet objet. D'ailleurs, une enveloppe en carton supporterait encore moins les court-plis qu'une enveloppe métallique, et il serait par conséquent impossible de l'employer comme diaphragme.

Le général Meusnier ne parle dans son mémoire ni d'enveloppes métalliques ni d'autres enveloppes imperméables. La fin du paragraphe 14 indique assez qu'il n'a en vue que des enveloppes d'étoffe, c'est-à-dire des enveloppes perméables. Les dispositions qu'il adopte dans ce paragraphe ont spécialement pour but d'empêcher l'hydrogène de se dissiper ; mais ces dispositions ne sauraient donner un tel résultat. En premier lieu, un ballon plein d'hydrogène, placé dans un autre ballon plein d'air, n'éprouverait pas, comme il le pense, des pressions égales sur les deux surfaces de son enveloppe. L'hydrogène pur qui a très-peu de densité ou de poids, exerce une pression intérieure à peu près égale sur le bas et sur le haut du ballon. L'air, qui est 14 fois et 1/2 plus dense ou plus lourd que l'hydrogène pur, exerce une pression extérieure qui diffère fort sensiblement du bas au haut du ballon. Donc, les deux surfaces de l'étoffe du ballon remplies d'hydrogène pur ne peuvent se trouver entre deux pressions égales.

En second lieu, l'étoffe serait perméable quand même elle éprouverait des pressions égales sur les deux surfaces. La dissipation ou la corruption de l'hydrogène serait plus lente, mais elle n'en serait pas moins certaine.

Un système qui exclut les enveloppes imperméables, à cause de leur rigidité, et qui implique l'usage des enveloppes d'étoffes perméables est complétement impuissant, quels que soient les mérites qu'il ait d'ailleurs.

§ V.

Autres défauts du système du général Meusnier.

Fig. 15.

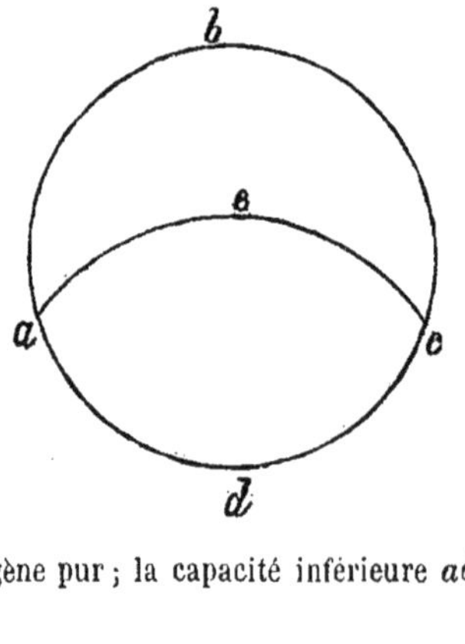

L'auteur croit que les moyens qu'il propose sont de nature : 1° A conserver une forme invariable au ballon ; 2° A le faire monter et descendre sans jeter du lest et sans jeter du gaz.

Il se trompe dans une grande mesure sur ces points, parce qu'il ne tient pas compte des variations de température que subit le gaz aux diverses altitudes atmosphériques et des effets qui en résultent.

Soit *abcd* (*f.* 15) un ballon à diaphragme et d'un volume de 600000 mètres cubes.

Supposons qu'il s'élève dans les conditions suivantes :

Le baromètre marque $0^m,76$; le thermomètre centésimal marque 20° la capacité supérieure *abce* du ballon contient 300000 mètres cubes d'hydrogène pur ; la capacité inférieure *adec* contient 300000 mètres cubes d'air. Le ballon est complétement gonflé par l'effet d'une légère pression intérieure, il possède au départ une force d'ascension de 1400 kilogrammes.

Voici ce qui se passera.

En supposant que la température de l'hydrogène ne varie pas pendant l'ascension, le ballon montera jusqu'à ce que l'hydrogène occupe toute la capacité du ballon et que le diaphragme soit appliqué sur la partie inférieure de l'enveloppe. L'hydrogène n'occupant au départ que la moitié du volume du ballon, l'appareil pourra s'élever jusqu'à environ 5600 mètres. Mais à peine arrivé à cette hauteur, il commencera à descendre par suite de l'abaissement de la température de l'hydrogène, et il descendra jusqu'au point où la perte de force d'ascension résultant de l'abaissement de la température du gaz se trouvera compensée par les 1400 kil. de force d'ascension qu'avait l'appareil au départ. A ce point, le ballon flottera en équilibre stable et définitif. Dès que le ballon commencera à descendre, l'enveloppe se déformera et elle s'applatira dans la mesure où il descendra; au point d'équilibre stable, elle aura à peu près la forme de la figure 16. On comprend parfaitement que, le ballon commençant à descendre quand le diaphragme se trouve appliqué sur la partie inférieure de l'enveloppe, et la descente provenant de la condensation du gaz et non de l'introduction de l'air dans la capacité inférieure du ballon, la déformation a lieu comme si le diaphragme n'existait pas, c'est-à-dire que la déformation a lieu comme dans les ballons ordinaires. Avec la déformation on tombe dans les deux inconvénients que nous avons reconnus aux ballons à déformation, les court-plis et l'altération de la stabilité première du système d'attache de la charge.

Fig. 16.

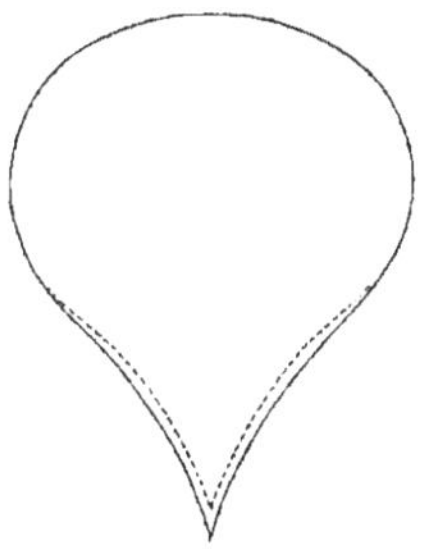

A quelle altitude atmosphérique le ballon que nous examinons ira-t-il trouver son équilibre stable et définitif ?

La loi de l'abaissement de la température, quand on s'élève dans l'atmosphère, n'est pas bien connue, à cause des nombreuses circonstances perturbatrices qui tendent à la modifier d'un lieu à un autre, d'un moment à un autre. D'après les observations que fit Gay-Lussac dans son ascension aérostatique de 1804, la température s'abaisse en moyenne de 1° du thermomètre centésimal par 173 mètres d'élévation. Je vais raisonner d'après ce chiffre. Pour la démonstration que j'ai à faire, il n'est besoin du reste que de données approximatives.

Le ballon, avons nous dit, contient 300000 mètres cubes de gaz à la pression barométrique de 0m,76, et part à la température de 20° avec une force d'ascension de 1400 kilogrammes. En faisant le calcul, on trouve qu'un degré d'abaissement de la température de cette masse de gaz fait perdre au ballon une force d'ascension de 1426 kilogrammes. La force d'ascension du départ est donc détruite par un degré d'abaissement de la température du gaz. Il résulte de là que le ballon finira par flotter en équilibre stable et définitif à environ 173 mètres de terre, altitude où la température sera de 19°, c'est-à-dire de 1° plus basse que celle du départ.

L'équilibre définitif du ballon étant à l'altitude de 173 mètres, l'appareil ne pourrait manœuvrer, d'après le système du général Meusnier, que dans la zône atmosphérique comprise entre cette altitude et le sol; ce ne serait pas là une navigation aérienne.

En général, un ballon ne peut manœuvrer d'après ce système qu'aux altitudes comprises entre le sol et l'altitude où il trouve son équilibre définitif.

Pourrait-on régler à l'avance l'appareil aérostatique, de manière à ce que son équilibre définitif se trouve très-haut, à l'altitude de 5500 mètres par exemple ?

Pour porter l'équilibre définitif d'un ballon à l'altitude de 5500 mètres, il faudrait donner à ce ballon une force d'ascension capable de compenser la perte de force d'ascension résultant de l'abaissement de température du gaz à l'altitude indiquée.

Si la température du point de départ est 20°, et si la température s'abaisse en moyenne d'un degré par 173 mètres d'élévation, à 5500 mètres la température sera — 11°, c'est-à-dire qu'elle aura baissé de 31°.

31° d'abaissement de la température produisent, dans un ballon qui renferme 300000 mètres cubes d'hydrogène à la pression barométrique de 0^m,76, une perte de force d'ascension de 39809 kilogrammes. 39809 kilogrammes est le poids de 30623 mètres cubes d'air à la pression barométrique de 0^m,76.

Pour que le ballon puisse trouver son équilibre définitif à l'altitude de 5500 mètres, il faut donc qu'après l'avoir complétement gonflé on y introduise encore, à force de compression, 30623 mètres cubes d'air à la pression barométrique de 0^m,76. Il faut aussi qu'après l'introduction de ce dernier volume d'air, le ballon puisse partir de terre. Alors ce volume de 30623 mètres cubes d'air devient un lest aérien qu'on peut évacuer pour monter à la hauteur de 5500 mètres et s'y maintenir, et qu'on peut refaire pour descendre de nouveau à terre. Avec un tel volume de lest aérien, toutes les manœuvres qui caractérisent le système du général Meusnier sont possibles jusqu'à l'altitude de 5500 mètres.

Mais voici la difficulté invincible que le système rencontre sur ce point.

Les 30623 mètres cubes de lest aérien produiraient un excès de pression intérieure de 0^m,038, que nulle enveloppe ne pourrait supporter.

Marey-Monge a fait des expériences et des calculs pour déterminer la limite de pression intérieure qui fait crever les ballons de cuivre. Il trouve que la limite de pression intérieure qui fait crever un ballon de cuivre sphérique de 10 mètres de diamètre et de 0^m,0001 d'épaisseur est 0^m,002, et que la limite de pression intérieure qui fait crever un ballon de cuivre sphérique de 100 mètres de diamètre et de 0^m,001 d'épaisseur, est de 0^m,0002.

Le seul rapprochement du chiffre 0^m,038, qui exprime la pression intérieure qui résulte de l'emmagasinage du lest aérien, avec les chiffres 0^m,002 et 0^m,0002, qui indiquent la limite de pression intérieure qui fait crever les deux ballons en cuivre, démontre l'impraticabilité absolue du système.

Y aurait-il des avantages sérieux à munir le ballon à double enveloppe ou à diaphragme d'une carcasse rigide propre à assurer une tension constante et une forme invariable à l'enveloppe extérieure, indépendamment de toute pression intérieure ?

Une telle disposition offrirait les avantages suivants :

1° Par cela seul qu'elle rendrait impossible la déformation de l'enveloppe extérieure, elle supprimerait totalement les inconvénients qui résultent de la déformation de cette enveloppe, c'est-à-dire les court-plis et l'altération de la stabilité première du système d'attache de la charge.

2° Elle permettrait d'employer les formes les plus favorables à la navigation aérienne, les formes aiguës et résistantes.

3° Elle permettrait, par la simple fermeture du robinet à air, d'arrêter à telle altitude qu'on voudrait un ballon qui, après s'être élevé très-haut, descendrait par suite de l'abaissement de la température de l'hydrogène. Il est évident qu'un ballon qui se trouve complétement gonflé dans les hautes régions atmosphériques, ne peut descendre qu'autant qu'il se déforme ou que sa capacité intérieure se remplit progressivement d'un air aussi dense que celui des couches qu'il parcourt en descendant. Ce troisième point constituerait un avantage considérable, en ce qu'il donnerait le moyen de fixer et de maintenir la navigation de l'appareil aérostatique à telle altitude qu'on voudrait, au-dessous de celle où l'on serait parvenu, en vertu de la température et de la force d'ascension du moment du départ.

Mais, à côté de ces avantages, voici les inconvénients :

1° L'enveloppe intérieure, que ce soit un ballon ou un diaphragme, devra être imperméable, sous peine de rendre inefficaces et illusoires tous les autres moyens du système. Elle ne pourra donc être faite d'étoffes gommées, qui sont toutes perméables. Pour être imperméable, cette enveloppe devra être métallique. Une enveloppe métallique ne peut supporter aucune déformation à court-plis, et l'enveloppe intérieure dont il s'agit se déforme nécessairement à court-plis. De là, impraticabilité absolue; c'est toujours la même pierre d'achoppement.

2° La température et la force d'ascension du départ pourraient faire monter l'appareil à une altitude très-élevée. En fermant le robinet à air, on pourra arrêter la descente de l'appareil et fixer la navigation à toute altitude inférieure ; mais, si pour chercher des courants favorables ou pour d'autres raisons on laisse descendre l'appareil à des altitudes inférieures, on ne pourra remonter aux altitudes supérieures qu'en jetant du lest. La température du départ ayant disparu, le ballon n'a plus pour monter la force d'ascension première, il faut l'alléger pour opérer une nouvelle ascension. On pourra le retenir de nouveau à des altitudes élevées par la fermeture du robinet à air ; mais dès qu'on serait encore descendu à l'altitude où la force d'ascension est annulée par l'abaissement de la température, il faudrait encore jeter du lest pour remonter. Ayant jeté du lest plusieurs fois, on ne pourrait descendre près de terre qu'en jetant du gaz. Une navigation aérienne où l'on ne peut passer d'une altitude à une autre sans jeter alternativement du lest et du gaz, dissipe trop vite ses ressources et devient par là même impuissante.

Il faut remarquer du reste que cet inconvénient est forcément attaché à tous les systèmes que nous avons étudiés jusqu'ici, il ne peut être évité qu'en adoptant des moyens propres à élever la température du gaz du ballon au moment qu'on veut.

Avec ces moyens, on monte aux altitudes supérieures en chauffant et en dilatant le gaz ; on descend aux altitudes inférieures en laissant refroidir et condenser le gaz ; on se tient à toute altitude intermédiaire, en maintenant la température du gaz au degré qui assure la stabilité de l'appareil à cette altitude. On peut aussi employer, comme moyens subsidiaires de monter et de descendre, des hélices propres à imprimer par leur rotation un mouvement ascendant ou descendant à l'appareil.

Le système de navigation atmosphérique que j'ai développé dans une précédente publication, est fondé sur des moyens de cette nature.

3° En fermant le robinet à air pour arrêter le ballon à une altitude supérieure, on fait supporter à l'enveloppe une pression extérieure bien plus considérable que la pression intérieure, et il serait difficile, sinon impossible, de trouver des enveloppes capables de résister à cet excès de pression extérieure. Supposons qu'au départ le ballon soit rempli à moitié et contienne 300000 mètres cubes d'hydrogène pur à la pression barométrique de $0^m,76$. Le ballon, dans l'hypothèse où la température ne se modifierait pas sensiblement dans le trajet, serait complétement gonflé en arrivant à la hauteur d'environ 5600 mètres, hauteur où la pression barométrique est en moyenne $0^m,38$. Le diaphragme sera alors appliqué contre la partie inférieure de l'enveloppe. L'hydrogène, ayant doublé de volume, aura fait sortir tout l'air qui se trouvait dans la capacité inférieure du ballon. Si en ce moment on ferme le robinet qui a donné issue à l'air, de manière à empêcher qu'aucune quantité d'air ne s'introduise de nouveau dans la capacité inférieure, malgré toute condensation de l'hydrogène, le ballon demeurera à l'altitude où il se trouve. L'enveloppe extérieure étant tendue sur une carcasse rigide et ne pouvant se déformer, la condensation du gaz produira un vide relatif dans l'intérieur du ballon ; la pression intérieure diminuera en raison de la condensation du gaz, et il y aura excès de pression extérieure. Si, par exemple, la température du gaz devient inférieure de $31°$ à celle qu'il avait au moment de la fermeture du robinet, l'effet de condensation produit sur les 600000 mètres cubes de gaz qui remplissent le ballon, par un tel abaissement de la température, équivaut à une perte de volume de 61200 mètres cubes, c'est-à-dire d'environ le dixième du volume total. La pression intérieure du ballon, variant comme le volume de gaz qu'il renferme, diminue d'un dixième. Au moment où l'on a fermé le robinet, la pression intérieure était égale à la pression atmosphérique, et celle-ci était de $0^m,38$. L'excès de pression extérieure que supporte l'enveloppe est donc le dixième de $0^m,38$ ou $0^m,038$. Une pression aussi considérable crèverait l'enveloppe. En tout cas, il résulte des considérations qui précèdent que dans un système de cette nature il faudrait, avant de se servir d'un appareil, déterminer la limite de pression extérieure qui ferait crever son enveloppe.

4° La carcasse rigide, l'enveloppe extérieure et l'enveloppe intérieure ne sauraient constituer un ensemble solide qu'à la condition de faire un tout très-lourd, et par là même difficile à concilier avec les exigences de l'aérostation.

§ VI.

De l'excès de pression intérieure qui existe à la partie supérieure de tout ballon par suite de la différence de densité de l'air et de l'hydrogène pur.

Un fait très-important en aérostation, et dont les meilleurs auteurs aérostatiques ne tiennent pas compte dans leurs calculs, c'est l'excès de la pression intérieure qui existe à la partie supérieure de tout ballon, par suite de la différence de densité de l'air et de l'hydrogène pur. Cet excès de pression croit avec le diamètre des ballons, et il croît d'une manière telle qu'on ne pourrait remplir à terre certains ballons d'hydrogène pur sans que l'enveloppe crève à sa partie supérieure.

Supposons, par exemple, que la pression barométrique du lieu soit $0^m,76$, et qu'en ce lieu on remplisse complétement d'hydrogène pur un ballon de 105 mètres de diamètre. Le ballon ne sera complétement gonflé qu'au moment où la pression de l'hydrogène sera égale à celle de l'air sur la partie inférieure de l'enveloppe. Si la pression de l'air sur cette partie de l'enveloppe est de $0^m,76$, la pression de l'hydrogène sur cette même partie devra être également de $0^m,76$. A 105 mètres au-dessus du sol, la pression barométrique ne sera plus que de $0^m,75$, et par conséquent la partie supérieure de l'enveloppe du ballon ne supportera qu'une pression extérieure de $0^m,75$, c'est à-dire une pression de $0^m,01$ moins forte que celle que supporte la partie inférieure. La pression intérieure de l'hydrogène au fond du ballon est 0^m76 comme celle de l'air ; mais comme l'hydrogène pur est 14 fois et 1/2 moins dense que l'air, la différence de sa pression au bas et au haut du ballon sera 14 fois et 1/2 moins grande que celle de l'air ; elle sera $\dfrac{0^m,01}{14,5}$ ou $0^m,0006$. L'excès de pression intérieure à la partie supérieure de l'enveloppe sera donc $0^m,01 - 0^m,0006 = 0^m,0094$. On peut déterminer de la même manière l'excès de pression intérieure qui existe à la partie supérieure d'un ballon quelconque, et il est évident que cet excès de pression sera d'autant plus considérable que le diamètre du ballon sera plus grand.

Il serait difficile de préciser par un simple calcul théorique, et sans procéder par des opérations expérimentales, quel est l'excès de pression intérieure qui existe au haut d'un ballon sphérique de 105 mètres de diamètre rempli seulement à moitié d'hydrogène pur.

Le volume d'un tel ballon est de 606131 mètres cubes, et la moitié de ce volume est de 303065. Supposons la pression barométrique de l'endroit où l'on remplit le ballon, de $0^m,76$. Si l'on introduit dans ce ballon 303065 mètres cubes d'hydrogène à la même pression barométrique, l'enveloppe se déformera, restera sphérique dans sa partie supérieure et se contractera à plis serrés dans sa partie inférieure ; le gaz introduit dans le ballon deviendra à une pression inférieure à $0^m,76$. Quelle sera cette nouvelle pression du gaz ? Une telle question veut être résolue plutôt par une constatation expérimentale que par une appréciation théorique. Il faut considérer, d'ailleurs, que la nouvelle pression du gaz sera d'autant plus faible que l'enveloppe du ballon sera plus rigide. Une enveloppe molle obéit parfaitement à la pression atmosphérique, et transmet intégralement cette pression au gaz ; de plus, en vertu de sa mollesse, elle s'appuie sur le gaz et le comprime de tout le poids qu'elle lui fait supporter. Une enveloppe rigide, au contraire, résiste à la pression atmosphérique dans la mesure de sa rigidité, et sa résistance diminue d'autant la déformation du ballon et la pression supportée par le gaz. D'un autre côté, elle comprime d'autant moins le gaz de son poids, qu'elle est plus rigide et se soutient mieux tendue par sa propre rigidité. Une enveloppe complétement rigide ne comprimerait, à aucun degré, le gaz par son poids.

A défaut d'indications expérimentales à ce sujet, je crois qu'on peut admettre sans erreur considérable que la pression intérieure du gaz devient égale à la pression atmosphérique vers le milieu du ballon déformé. Si la pression atmosphérique est 0m,76 sur le sol, elle sera d'environ 0m,755 à moitié hauteur du ballon de 105 mètres de diamètre. La pression du gaz serait aussi 0m,755. L'égalité de pression du gaz et de l'air se trouvant à 50 ou 55 mètres du pôle supérieur du ballon , l'excès de pression intérieure à ce même pôle serait d'environ 0m,0047.

Marcy-Monge a éprouvé le degré de résistance d'un ballon sphérique de cuivre-laiton de 1 mètre de diamètre et de 0m,0001 d'épaisseur. Le ballon a crevé à la pression de 0m,20. Partant de cette donnée et du principe que dans un vase sphérique clos la pression est en raison directe de la surface, et la résistance de l'enveloppe en raison inverse de cette même surface, il démontre qu'un ballon sphérique de 100 mètres de diamètre dont l'enveloppe est du même métal et de la même épaisseur crève à la pression de 0m,00002 et qu'un ballon sphérique de 100 mètres de diamètre dont l'enveloppe est du même métal et d'une épaisseur 10 fois plus grande. 0m,001, crève à la pression de 0m,0002.

Le principe qui sert de base aux calculs de Marcy-Monge s'entend d'un vase clos dans une pression extérieure uniforme et soumis à une pression intérieure excédant d'une manière uniforme la pression extérieure sur tous les points du vase. La pression intérieure qui existe au haut d'un ballon, à cause de la différence de densité de l'air et de l'hydrogène, est au contraire relative à un vase clos dans une pression extérieure diminuant progressivement du bas au haut.

L'effet de cette seconde pression intérieure ne doit donc pas être calculé d'après le principe précité. Pour un ballon dont l'enveloppe est placée entre deux fluides qui la pressent d'une manière égale à sa partie inférieure et d'une manière progressivement inégale en allant vers sa partie supérieure, on peut admettre, ce me semble, que l'excès de pression intérieure au pôle supérieur agit en raison directe de la moitié de la surface et que la résistance de l'enveloppe est par conséquent en raison inverse de la moitié de cette même surface.

D'après ce dernier principe, la puissance de la pression intérieure qui nait de la différence de densité de l'air et de l'hydrogène serait moitié moindre pour crever l'enveloppe que celle de la pression que considère Marcy-Monge. Si une enveloppe donnée, par exemple celle en cuivre de 0m,0001 d'épaisseur et de 100 mètres de diamètre, crève avec la seconde espèce de presssion à 0m,00002, elle ne crèverait avec la première qu'à 0m,00004.

Je rappelle les chiffres qui expriment la pression intérieure qui existe au pôle supérieur d'un ballon de 105 mètres de diamètre; ce sont 0m,0094 pour le ballon complétement rempli d'hydrogène pur et 0m,0047 pour le ballon rempli à moitié. Ces chiffres disent assez que les ballons de 100 et de 140 mètres de diamètre, avec des enveloppes en cuivre de 0m,0001 ou de 0m,001 d'épaisseur, que Marcy-Monge croit susceptibles de supporter une pression artificielle et auxquels il veut appliquer des forces motrices de 450 chevaux-vapeur, crèveraient sur place par le seul fait de leur remplissage à moitié d'hydrogène pur.

Ces mêmes chiffres condamnent tous les systèmes qui admettent une pression artificielle et prouvent qu'on ne peut appliquer aux ballons des forces motrices considérables, parce que ces forces motrices en tirant sur l'enveloppe lui font exercer une pression sur le gaz et engendrent un surcroît de pression intérieure. Ils prouvent aussi qu'il faut renoncer à l'idée de retenir un aérostat captif ou à l'ancre par les grands vents ou même par des vents moyens, parce que l'action du vent agit sur le ballon comme une force motrice capable de faire équilibre à la puissance du vent et produit le même effet.

Il faut ajouter qu'une force motrice considérable et un fort vent qui agit sur un aérostat captif tendent à porter l'appareil à terre, par la raison qu'en comprimant et en reduisant le volume du gaz, ils font déplacer un moindre volume d'air au ballon et diminuent par cela même sa force d'ascension.

Il ne faut pas perdre de vue que la pression intérieure qui existe au haut d'un ballon varie avec la nature du gaz dont le ballon est rempli. Cette pression est considérable avec l'hydrogène pur, parce que que ce gaz est 14 fois et demi moins dense que l'air ; elle est moindre avec l'hydrogène d'éclairage ou avec tout autre gaz approchant de la densité de l'air. Elle est toujours en raison inverse de la densité du gaz du ballon.

Après avoir fait ressortir la nature et l'importance de la pression qui existe au pôle supérieur d'un ballon, je vais examiner si cette pression ferait crever un ballon de 105 mètres de diamètre, rempli à moitié d'hydrogène pur et ayant une enveloppe en fer d'un millimètre d'épaisseur.

D'après l'expérience faite par Marey-Monge, un ballon en cuivre de laiton de 1 mètre de diamètre et de $0^m,0001$ crève à la pression de $0^m,20$. Partant de cette donnée et du principe que la résistance de l'enveloppe est en raison inverse des surfaces on peut trouver la pression qui, dans les mêmes conditions et avec la même espèce d'enveloppe, fait crever un ballon de 105 mètres de diamètre.

En effet la surface du ballon de 1 mètre de diamètre est $3^m,14$ et celle du ballon de 105 mètres de diamètre est 34636^{mq}.

On a donc :

$$34636 : 3,14 :: 0,20 : x, \text{ d'où } x = 0^m,000018$$

Mais dans le cas qui nous occupe les conditions sont autres : au lieu de prendre la surface entière du grand ballon on ne doit introduire dans le calcul que la partie de la surface comprise entre le pôle supérieur et le cercle d'équipression de l'air et de l'hydrogène. Il a été admis que pour un ballon rempli à moitié ce cercle se trouve vers le milieu du ballon ou vers la ligne équatoriale. La surface à prendre n'est donc que la moitié de la surface totale du ballon ou 17318 mètres carrés. Il a été admis aussi que pour l'espèce de pression dont il s'agit, la résistance de l'enveloppe est en raison inverse de la moitié de la surface.

On a donc cette seconde proportion.

$$\frac{17318}{2} : 3,14 :: 0,20 : x ; \text{ d'où } x = 0^m,000072$$

Ce chiffre $0^m,000072$ est relatif à une enveloppe de cuivre laiton ou cuivre jaune de $0^m,0001$. Pour une enveloppe 10 fois plus épaisse ou de $0^m,001$, la limite de pression sera $0^m,00072$. Pour une enveloppe en fer dont la tenacité est trois fois plus grande que celle de cuivre jaune la limite de pression sera $0^m,00216$.

La pression intérieure qui existe au pôle supérieur du ballon est de $0^m,0047$. En retranchant de ce chiffre, le chiffre $0^m,00216$ qui exprime la limite de pression de l'enveloppe en fer de 1 millimètre d'épaisseur, on trouve que la pression du haut du ballon dépasse encore de $0^m,00254$ la limite de pression de l'enveloppe.

La pression barométrique $0^m,00254$ équivaut à un poids de 34 kil. 4 par mètre carré.

Le mètre carré de l'enveloppe du ballon pèse 7 kil. 788.

Comme le maximum de pression se trouve au pôle du ballon et que cette pression agit sur l'enveloppe de bas en haut, c'est-à-dire à l'encontre de la pesanteur, on peut admettre qu'à la partie supérieure du ballon le poids de chaque mètre carré de l'enveloppe s'unit, dans une forte mesure, à la tenacité du métal pour résister à l'effet de la pression. Mais en admettant même ce concours complet, en retranchant 7 kil. 788 de 34 kil. 4 la limite de pression définitive se trouve dépassée de 26 kil. 612 par mètre carré.

Donc un ballon en fer de 105 mètres de diamètre dont l'enveloppe aurait 1 millimètre d'épaisseur crèverait sur place avant d'être rempli à moitié d'hydrogène pur.

Voici les résultats qu'on obtient en répétant les mêmes calculs pour un ballon de 50 mètres de diamètre rempli à moitié d'hydrogène pur.

Pression au pôle supérieur du ballon. . . . . $0^m,00233$
Limite de pression de l'enveloppe en fer de 1 millimètre d'épaisseur. $0^m,0096$
D'où la limite de pression de l'enveloppe dépasse la pression du haut du ballon de . . . . $0^m,00727$
Mais le poids de l'enveloppe rend l'ascension impossible.
Avec une enveloppe de $0^m,0005$ d'épaisseur on a :
Limite de pression de l'enveloppe . . . . $0^m,0048$
La limite de pression de l'enveloppe dépasse la pression du haut du ballon de . . . . $0^m,00247$
Le ballon enlève . . . . 9012 kil.
Avec une enveloppe de $0^m,0004$ d'épaisseur on a :
Limite de pression . . . . $0^m,0038$
La limite de pression de l'enveloppe dépasse la pression du haut du ballon de . . . . $0^m,00147$
Le ballon enlève . . . . 15129 kil.
Pour un ballon de 40 mètres de diamètre ayant une enveloppe en fer de de $0^m,00025$ d'épaisseur on obtient les résultats suivants :
Pression au haut du ballon . . . . $0^m,00187$
Limite de pression de l'enveloppe . . . . $0^m,0037$
La limite de pression de l'enveloppe dépasse la pression du haut du ballon de. . . . . $0^m,00183$
Le ballon enlèverait. . . . . 10485 kil.

Comme l'on voit les ballons de grandes dimensions sont impossibles ; les seuls ballons dont on puisse faire usage, sont ceux de 40 à 50 mètres de diamètre avec des enveloppes en fer de $0^m,00025$ à $0^m,0005$ d'épaisseur et capables d'enlever un poids brut de 9000 à 15000 kilogrammes. En retranchant de ce poids brut le poids de la nacelle et de tous les autres accessoires, la charge à mettre sur le ballon sera peu considérable.

Un ballon rempli à moitié d'hydrogène pur se développe à mesure qu'il s'élève, et il finit par être complétement gonflé dans les régions où la densité de l'air est moitié moindre que celle du départ. Il y a donc lieu de se demander si la pression du haut du ballon n'augmente pas aussi dans la mesure où le ballon se gonfle. Cette pression n'augmente pas parce que le baromètre, baissant en moyenne de $0^m,01$ pour 105 mètres d'élévation près du niveau de la mer, ne baisse de $0^m,01$ que pour une élévation de 240 mètres dans les régions où le ballon se trouvera complétement gonflé, c'est-à-dire à l'attitude de 5670 mètres ; elle diminuera au contraire d'une petite quantité.

Les calculs et les chiffres consignés dans ce chapitre relativement à la pression qui existe à la partie supérieure d'un ballon et à la limite de résistance des enveloppes contre cette pression ne doivent pas être considérés comme étant d'une exactitude rigoureuse. Ces calculs s'appuient, d'un côté, sur une expérience faite par Marey-Monge et, d'un autre côté, sur l'hypothèse que pour l'espèce de pression qui existe au haut du ballon la résistance de l'enveloppe est en raison inverse de la moitié de la surface comprise entre le pôle supérieur et le cercle d'équi-pression de l'air et du gaz. Ils ne peuvent donc être justes qu'autant que cette expérience aura été bien faite et que cette hypothèse sera une vérité. En pareille matière la théorie, pour être vraiment sérieuse, doit s'appuyer sur des données expérimentales précises. Ces données manquent complètement aujourd'hui, et les questions que je viens d'examiner ne pourront être exactement résolues que le jour où l'on entrera dans la voie des expériences.

Il n'est pas à ma connaissance que ces questions aient été soulevées jusqu'ici et comme elles sont d'une importance capitale pour l'aérostation il y a utilité à les poser et à mettre en lumière les difficultés qu'elles cachent.

Une critique purement négative, fût-elle très-exacte dans ses appréciations, est, en quelque sorte, injuste envers les auteurs par cela seul qu'elle relève et montre ce qu'il y a de défectueux dans leur œuvre sans faire ressortir, en même temps, ce que cette œuvre renferme de sérieux et d'intéressant.

Le cadre de ce travail est trop restreint pour que je puisse entreprendre une analyse même succincte de l'ouvrage de Marey-Monge. Il me suffira de dire que cet ouvrage est très-étendu et rempli d'enseignements importants sur l'aérostation; c'est encore le meilleur traité qui existe sur la matière, et tous ceux qui s'occupent de navigation aérienne feront bien de le consulter.

A la page 98 de son livre Marey-Monge parle en ces termes du général Meusnier.

» On doit regarder Meusnier comme le plus remarquable des auteurs aérostatiques, « et, dans l'intérêt de la science, nous disons qu'un des premiers soins d'une société « aéronautique, si elle avait les fonds nécessaires, devrait être de publier son atlas. « Pour bien faire apprécier la portée des beaux travaux de ce savant, il convient que • nous disions en peu de mots ce qu'il était.

« Monge, si juste appréciateur du mérite, disait souvent que l'homme le plus « remarquable qu'il eût rencontré pour l'intelligence, c'était Meusnier.

« Meusnier était un officier du génie très-distingué, membre de l'Académie des « sciences de Paris et auteur de plusieurs mémoires remarquables.

« Il travaillait depuis dix ans, à l'étude de l'aérostation à Cherbourg où il s'était « fait employer pour se livrer à une foule d'expériences sur la résistance des cordes, « toiles et autres substances qui se trouvaient dans l'arsenal de la marine, lors- « qu'en 1793 la guerre l'appela sur les bords du Rhin où il fut tué par un boulet au siége de Mayence. A sa mort, les Prussiens (dit M. de Lamartine dans son « *Histoire des Girondins* tome VI, page 282) saisis d'admiration et de respect, ces- « sèrent leur feu, pour donner aux Français le temps d'élever la tombe de leur « général dans un des bastions de la ville. — Je perds un ennemi qui m'a fait bien « du mal, s'écria Frédéric-Guillaume; mais la France perd un grand homme. »

§ VII.
Considérations sur le système de navigation atmosphérique que j'ai proposé dans un travail précédent.

« Sous ce titre, *Exposé d'un système de navigation atmosphérique, au moyen des ballons à enveloppes métalliques*, j'ai publié, il y a quelques mois, une brochure où j'ai décrit les moyens qui me paraissent propres à réaliser d'une manière assez sérieuse la navigation aérienne.

J'ai cherché la critique et on m'a répondu ou par des déclarations d'incompétence ou par le silence ou par des objections faciles à détruire.

Une objection à laquelle j'attache une importance particulière, en raison de la source d'où elle émane m'a été transmise en ces termes :

» Relativement à la forme que vous donnez à votre aérostat métallique nous ne « trouvons pas qu'elle soit développable; les deux polygones la fermant en haut et en « bas ne peuvent ni s'étendre ni se raccourcir. Du reste nous sommes unanimes à « penser qu'il faut un ballon avec une pression intérieure, lui gardant sa forme, « ce qui est en somme le projet du général Meusnier.

Sur le premier point je répondrai qu'il ne peut pas y avoir de ballon développable, c'est-à-dire susceptible d'être aplati sur une surface plane sans courts-plis. La véritable question est de savoir si le ballon que j'ai proposé est de nature à se déformer et à se contracter sans courts-plis, de manière à passer de son volume total à la moitié ou à un peu moins de la moitié de son volume et réciproquement. Il est évident que s'il peut se contracter dans cette mesure il remplit les conditions exigées pour monter et descendre et pour aller d'une altitude à une autre. Il n'est jamais besoin que son volume diminue davantage. Il est vrai que les deux polygones qui le ferment en haut et en bas ne peuvent s'étendre ni se raccourcir; le premier se trouve constamment tendu par la pression du gaz avec la surface polyédrale dont il est la limite inférieure; le second, ainsi que la surface plane dont il est le périmètre, se trouvent invariablement fixés à un polygone ou carcasse rigide. Mais ce fait ne prouve rien contre la possibilité de la contraction susmentionnée. Pour que cette contraction ait lieu et produise l'effet demandé il n'est pas nécessaire que les deux polygones en question s'étendent ou se raccourcissent; il suffit que les seize bandes de deux mètres de largeur et les seize fuseaux qui constituent le corps du ballon se redressent et se rapprochent sans court-plis et dans une mesure suffisante pour reduire le volume de moitié ou d'un peu plus de moitié. C'est ce qui arrive, à mon avis, et je ne pense pas qu'on puisse démontrer le contraire.

Sur le second point, je dirai qu'au premier abord le projet du général Meusnier m'avait paru fondé; un examen plus approfondi m'a convaincu qu'il est impraticable. J'ai donné mon opinion motivée à ce sujet et, en général, au sujet de tout système de pression artificielle intérieure ou extérieure aux chapitres IV, V et VI.

Un ingénieur très-compétent en matière de construction m'a fait remarquer que la construction d'un ballon métallique de 100 mètres de diamètre et d'un hangard plus grand encore destiné à construire et à garer ce ballon demanderait une dépense énorme et serait une opération excessivement difficile si non impossible, que la chose serait déjà très-coûteuse, très-compliquée, très-difficile pour un ballon de 50 mètres de diamètre. D'un autre côté mes propres réflexions m'ont fait reconnaître qu'on ne peut dépasser 50 mètres de diamètre sous peine de voir l'enveloppe crever par l'effet de la pression qui existe au haut du ballon, pression qui provient de la différence de densité de l'air et de l'hydrogène pur et dont j'ai parlé au chapitre précédent.

Mon système doit donc être forcément modifié en ce qui concerne la dimension des appareils, et j'adopte le ballon de 50 mètres de diamètre avec enveloppe en fer de 0^{m}0004 d'épaisseur. Ce ballon me paraît être celui qui remplit les meilleures conditions; j'ai dit au chapitre précédent qu'il enlève un poids brut de 15129 kilogrammes et que la résistance de son enveloppe dépasse de 0^m,00147 la force de pression intérieure qui existe à la partie supérieure.

L'édifice destiné à construire et à abriter ce ballon devrait avoir environ 70 mètres de hauteur et 70 mètres de largeur. S'il m'était permis d'émettre un avis au sujet d'une telle construction, je proposerais les moyens suivants (f. 17):

Fig. 17.

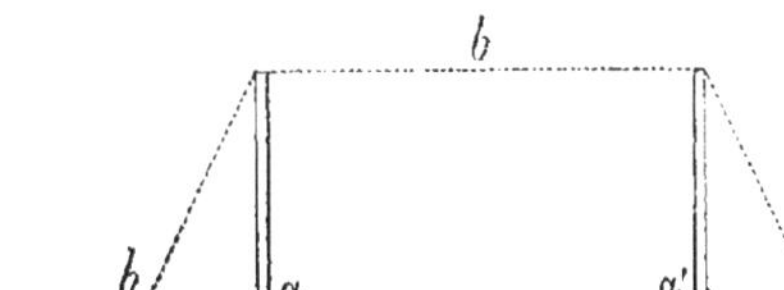

1° De fortes colonnes en fer espacées entre elles de 20 à 25 mètres dans le sens du périmètre de l'édifice.

2° Relier ces colonnes par des traverses en fer dans le sens de ce même périmètre.

3° Assujettir, par couples, les colonnes a a' des façades opposées avec des câbles en fil de fer b, c.

4° Appuyer les murailles extérieures sur les colonnes et la couverture sur les câbles en fil de fer b. Ces murailles et cette couverture pourraient être faites en tout ou en partie avec des feuilles métalliques.

L'édifice n'aurait rien d'artistique mais il me semblerait solide et d'une construc=

tion facile. Partageant une erreur accréditée chez tous les auteurs aérostatiques que j'ai lus, j'ai admis dans mon précédent travail la possibilité de faire usage des ballons de grandes dimensions. Puis me fondant sur la charge qu'aurait pu emporter un ballon de 100 à 105 mètres de diamètre j'avais admis la possibilité de séjourner plus d'un an dans l'atmosphère sans qu'il fût jamais nécessaire de toucher terre pour renouveler les approvisionnements. Les conditions sont autres avec le ballon en fer de 50 mètres de diamètre et de 4 décimillimètres d'épaisseur dont j'ai parlé plus haut. Ce ballon n'enlève qu'un poids brut de 15129 kilogrammes. Il faut comprendre dans ce poids brut les soudures des diverses parties de l'enveloppe, la nacelle avec ses aménagements intérieurs et son système d'attache, la machine. Le poids réellement disponible, c'est-à-dire susceptible d'être affecté à l'équipage et aux approvisionnements reste donc fort limité.

Pour que ce poids disponible ne devienne pas au dessous de ce qui est nécessaire pour permettre un séjour suffisamment prolongé dans l'atmosphère, il faudra réduire autant que possible les dimensions et le poids de la nacelle et des autres accessoires. Au lieu de prendre une machine de la force de deux chevaux vapeur on pourra prendre une machine de la force d'un cheval.

Il est admis que pour les sphères, la résistance des fluides est proportionnelle, 1° au carré du diamètre, 2° au carré de la vitesse. Donc, sous le rapport de la première de ces lois, un ballon de 50 mètres de diamètre, soumis à l'impulsion d'une machine d'un cheval, avancera deux fois plus vite qu'un ballon de 100 mètres de diamètre, soumis à l'impulsion d'une machine de deux chevaux.

Si le poids disponible susceptible d'être affecté à l'équipage et aux approvisionnements de subsistance est de 6000 kilogrammes, le ballon pourra emporter un équipage de 14 hommes avec trois mois de vivres.

Le poids de 14 personnes à raison de 70 kil. par individu est de . .   980 k.

Le poids de 90 jours de vivres, y compris l'eau, à raison de 4 kilogrammes par personne et par jour est de.   5040

Poids total. . . : . . . . , ...   6020

Pour compenser journellement la perte de lest qui résulte de la consommation il faut dépenser en moyenne près de 2 mètres cubes de gaz par heure. En dépensant 2 mètres cubes de gaz par heure le ballon perd en 90 jours 5227 kilogrammes de force d'ascension.

La meilleure machine applicable aux ballons est, à mon avis, la machine Lenoir qui fonctionne avec de l'air et de l'hydrogène seulement.

L'eau qui doit chauffer la nacelle par circulation servirait de bain réfrigérant aux cylindres; elle baignerait aussi les parois des récipients qui contiennent l'eau de consommation, afin d'empêcher que cette eau ne se transforme jamais en glace. On utiliserait également pour le chauffage de la nacelle les produits gazeux qui résultent de la combustion de l'air et de l'hydrogène dans les cylindres. Ces produits gazeux sont à une haute température, et il suffit de leur faire parcourir des tuyaux disposés dans l'intérieur de la nacelle pour que celle-ci reçoive leur calorique.

Je viens d'indiquer d'une manière succincte les modifications que doit subir le système que j'ai développé dans mon précédent travail. Ainsi modifié ce système est-il encore de nature à atteindre le but utile et sérieux de la navigation aérienne? Avant tout, quel est le but vraiment utile et sérieux de la navigation aérienne?

En elle-même la navigation aérienne n'est qu'un moyen comme la navigation maritime et la locomotion terrestre. La valeur de tout moyen est en raison de sa fin économique, en raison des services qu'il peut rendre. Peu importerait en définitive le jeu brillant d'appareils fendant rapidement l'air, si tout l'intérêt de la navigation aérienne résidait dans ce jeu. Mais à la réalisation de la navigation aérienne sont attachés des intérêts humanitaires de l'ordre le plus élevé, tels que l'étude des phénomènes et des lois de l'atmosphère, la connaissance des pôles, la connaissance de l'intérieur du continent africain et de certaines parties du continent asiatique. A l'heure qu'il est l'humanité ne connaît qu'à moitié le globe qu'elle habite. La navigation aérienne seule peut le lui faire connaître d'une manière complète. Ce sont ces intérêts qui constituent la véritable fin économique de la navigation aérienne; lui demander un service de transport ou de correspondance régulière. c'est, à mon avis, méconnaître la nature des choses; c'est exiger presque l'impossible et lui assigner un but peu sérieux, parce que ce service sera toujours mieux fait par la navigation maritime, par la navigation fluviale, par les chemins de fer et par la télégraphie.

Quels seraient les appareils aérostatiques propres à atteindre le but utile et sérieux de la navigation aérienne.

Les meilleurs seraient ceux qui pourraient à la fois naviguer à l'encontre des vents et tenir assez longtemps l'atmosphère pour entreprendre et accomplir d'un seul trait les plus grands voyages.

Mais ces appareils sont encore à trouver et si la critique que je viens de faire est fondée on ne les trouvera pas de longtemps.

A défaut de ceux-là, je dis que ce but peut être atteint avec les appareils que j'ai décrits dans mon système, même réduits aux dimensions de 50 mètres de diamètre. En effet, avec ces appareils on peut rester environ trois mois dans l'atmosphère, en emportant les approvisionnements nécessaires à l'existence d'un équipage de 14 personnes. On peut s'élever et se maintenir aux altitudes élevées par la dilatation du gaz et descendre aux altitudes inférieures en cessant de chauffer le gaz. On peut également monter et descendre par l'action d'une hélice à pression verticale.

Pouvant monter et descendre on peut chercher les courants qui conviennent à la direction générale qu'on veut suivre. De plus une machine de la force d'un cheval vapeur permet de se mouvoir dans le calme, et de dévier, dans une certaine mesure, sur la gauche ou sur la droite d'un courant.

Dans de telles conditions on peut se porter d'une manière plus ou moins directe plus ou moins rapide aux pôles, au centre du continent africain, sur une contrée quelconque et en faire la topographie, soit à vue, soit par des moyens trigonométriques, soit par des photographies panoramiques exécutées d'après le système que M. Martens a présenté dernièrement à l'Académie des sciences.

Pouvant varier d'altitude et séjourner longtemps dans les régions atmosphériques, on peut faire une étude sérieuse de la constitution de l'atmosphère et parvenir à déterminer les lois de ses phénomènes et de ses mouvements généraux. En admettant l'impossibilité de ramener le ballon au point de départ on attérirait à tel lieu et à tel moment propices, en sacrifiant le ballon. En mer on pourrait descendre sur un bâtiment quelconque.

Sur terre comme sur mer, on pourrait démonter la nacelle et la retirer. Sur terre on pourrait dépécer l'enveloppe du ballon et en retirer la valeur du fer. La perte de l'appareil ne serait donc pas complète; mais fût-elle totale, elle ne serait rien par rapport aux richesses scientifiques recueillies dans une campagne atmosphérique de trois mois. On continuerait l'étude de l'atmosphère et l'exploration du globe en lançant de nouveaux appareils.

Là où les leçons de l'expérience font complétement défaut il est naturel et sensé de se préocuper de la possibilité des sinistres. Il me semble pourtant que si les appareils aérostatiques dont il s'agit sont construits avec des matériaux de choix et répondent aux données du système, les sinistres seraient moins à craindre dans la navigation aérienne que dans la navigation maritime.

L'aérostation pratiquée jusqu'ici, où le ballon perd son gaz dans quelques heures et ne possède aucun moyen de direction, où l'aéronaute est obligé d'attérir n'importe dans quel endroit et n'importe par quel vent est certainement plus dangereuse que celle que je décris; cependant les sinistres de cette aérostation sont relativement peu nombreux. En tout cas une chose me paraît hors de doute, c'est que le jour où dans un pays quelconque on mettra à la disposition des savants un appareil aérostatique propre à flotter durant deux ou trois mois dans l'atmosphère et pouvant emporter les approvisionnements nécessaires à l'existence de l'équipage, les savants affronteront le danger et entreprendront la campagne scientifique. Il ne manque pas de savants qui sont soldats dans leur genre. Ce jour là ouvrira aussi une ère de progrès continus pour la navigation aérienne.

§ VIII.

CONCLUSION.

Au début de ce travail, j'ai posé la question suivante :

L'élaboration scientifique du problème de la navigation aérienne est-elle en ce moment satisfaisante ?

Au terme de cette étude critique, je répondrai :

Non elle n'est pas satisfaisante ; l'élaboration scientifique du problème est encore à faire.

La question n'est traitée avec une profondeur suffisante ni dans les livres ni dans les brochures. Dans la controverse on affirme ou on nie la possibilité de la navigation aérienne sans savoir démontrer scientifiquement ce que l'on affirme et ce que l'on nie.

A l'heure qu'il est le monde savant ne sait pas mieux que le public si la question de la navigation aérienne est une question oiseuse ou une question sérieuse.

Il est étrange et incompréhensible qu'une question d'un si haut intérêt et d'où sortira tôt ou tard un immense progrès reste étrangère aux programmes de la science officielle et soit abandonnée aux spéculations de quelques amateurs qui peuvent montrer beaucoup de bonne volonté, mais qui n'ont ni assez de ressources pour faire des expériences complètes ni assez de capacité scientifique pour faire des théories irréprochables.

Le problème de la navigation aérienne ne peut recevoir une solution décisive qu'autant qu'il se trouvera un État qui l'élèvera au rang des questions d'intérêt général, qui chargera des savants de premier ordre d'en faire une étude étendue et approfondie, tant au point de vue théorique qu'au point de vue expérimental, et qui subviendra largement aux frais des expériences de détail et d'ensemble qu'une telle étude comporte.

On voudrait-être sûr à l'avance du succès !

Mais le succès n'arrive que par le travail et après le travail.

On fait faire tous les jours des fouilles très-coûteuses pour connaître le passé de l'humanité ; serait-il moins sensé et moins utile de faire faire des fouilles pour chercher et préparer son avenir ?

FIN.

Le Mans. — Imp. Beauvais et Vallienne.